GOLDMANN
Lesen erleben

Buch

Wer kennt diese Tage nicht: Hektik, Chaos, Stress. Was man auch anpackt, es geht schief. Auch Olga kennt diese Tage. Dann rennt sie. Von einem Termin zum nächsten, immer schneller, aber nie schnell genug, um alles schaffen zu können. Doch als Olga ihre alte Tante Else trifft, fährt diese Olgas Tempo herunter und verrät ihr ohne viele Worte ein wertvolles Geheimnis.

Eine kleine, weise Geschichte über die Kunst, gelassener durchs Leben zu gehen. Genau das Richtige für Tage, an denen alles drunter und drüber geht!

Autoren

Hilke Mayer sind eigentlich die beiden Schwestern Silke und Heike Mayer. Sie sind nicht nur mit Olga, sondern auch mit dem Hamburger Illustrator und Trickfilmer Kai Pannen befreundet.

Silke Mayer ist Lektorin und Diplom-Psychologin mit Erfahrung in Gestalt- und Gesprächstherapie.

Heike Mayer arbeitet ebenfalls als Lektorin und hat langjährige Meditationspraxis als Zen-Schülerin.

Von den Autoren außerdem im Programm

Olga - Auch ein Schwein darf mal traurig sein (17347)

Hilke Mayer · Kai Pannen

Olga rennt

Auch ein Schwein
will mal gelassen sein

GOLDMANN

MIX
Papier aus verantwortungsvollen Quellen
FSC® C005833

Verlagsgruppe Random House FSC® N001967
Das für dieses Buch verwendete FSC®-zertifizierte Papier
Profibulk von Sappi liefert Igepa.

1. Auflage
Ungekürzte Taschenbuchausgabe Mai 2014
Wilhelm Goldmann Verlag, München
in der Verlagsgruppe Random House GmbH

Umschlaggestaltung: Uno Werbeagentur, München,
unter Verwendung eines Motivs von Kai Pannen
Innenillustrationen: Kai Pannen, Hamburg
Satz: Uhl + Massopust, Aalen
Druck und Bindung: Těšínská tiskárna, a. s. Český Těšín
BK · Herstellung: IH
Printed in Czech Republic
ISBN 978-3-442-17348-8
www.goldmann-verlag.de

Das ist Olga. Sie ist gerade aufgewacht.

Am liebsten hat sie es morgens ganz gemütlich.
Aber an manchen Tagen klappt das nicht so recht.
Heute ist so ein Tag.

Schon auf dem Weg in die Arbeit muss Olga sich ziemlich beeilen.

Im Büro läuft es auch nicht so richtig rund.

In der Pause macht Olga schnell
ein paar Erledigungen.

So eine Hektik – da schmeckt Olga nicht mal ihr Lieblingsessen.

Und zu Hause wartet schon eine Aufgabe,
die viel zu lange liegen geblieben ist.

Meistens sind es genau solche Tage,
an denen ein Freund Olga dann auch noch
dringend um ihre Hilfe bittet.

Darüber vergisst sie fast, dass sie ja selber
noch etwas vorhat.

Doch auch bei den Dingen, die ihr eigentlich Spaß machen, fühlt sich Olga heute einfach nicht im Gleichgewicht.

Beim Zubettgehen kann Olga nicht richtig abschalten.
»Morgen hab ich frei«, denkt sie sich.
»Da mach ich gar nichts!«

Doch am nächsten Tag …

»Hallo? …
Dich besuchen kommen, heute? …
Ja, hm, also … «

So richtig Lust hat Olga nicht.
Doch ihrer alten Tante Else einen Wunsch abschlagen, das geht irgendwie auch nicht.

Also macht sie sich auf den Weg.

GESCHLOSSEN

Olga hat Tante Else Blumen mitgebracht.
Else freut sich sehr. Weil ihre Augen nicht mehr so gut sind, schaut sie ganz genau hin.

Dann sieht sie Olga an.
»Du bist ja ganz aus der Puste, meine Liebe!«
Da merkt Olga erst, wie sehr sie sich schon wieder beeilt hat.

Draußen ist es ein bisschen laut.
»Soll ich mal das Fenster zumachen?«,
fragt Olga.

»Ja«, lacht Tante Else, »manchmal schalte ich auch einfach mein Hörgerät ab.«

»Also, was wollen wir unternehmen?«,
fragt Olga ein bisschen ungeduldig.

»Ach«, meint Tante Else, »lass uns doch ein Tässchen Tee machen.«
»Na ja«, denkt Olga, »auch gut.«

Der Weg in die Küche dauert ziemlich lang.
Alles ganz schön langsam hier, findet Olga.

Else setzt in Ruhe den Tee auf. Dann sagt sie:
»Ich wollte eigentlich noch einen Kuchen backen. Aber mir war heute nicht danach. Hast du Lust auf ein Butterbrot?«

Klar hat Olga Lust.

Das Brot schmeckt lecker.

Die beiden sitzen eine Weile einfach nur auf dem Sofa. Erst findet Olga das ein bisschen komisch.

Aber dann merkt sie auf einmal, dass sie sich ganz ruhig und satt und zufrieden fühlt. Richtig schön ist das.

Olga ist wirklich froh, dass sie Tante Else besucht hat.
»Vielen Dank«, sagt sie zum Abschied.
Und Else ist auch froh.

Beim Nachhausegehen kommt Olga die Straße
heller vor als sonst.

Die Luft ist angenehm kühl, aus einem Garten
riecht es nach frisch gemähtem Gras.

Olga atmet ganz tief ein.
»Gut, dass es Tante Else gibt«, denkt sie
und es wird ihr richtig warm ums Herz.

Und auf einmal merkt Olga,
dass sie diesen Weg noch nie so
langsam gegangen ist wie heute.